LES POLONAIS,

HIER — AUJOURD'HUI — DEMAIN,

PAR

HENRI COUTURIER.

BROCHURE VENDUE AU PROFIT DES POLONAIS INSURGÉS.

Prix : 25 Centimes

PARIS.

CHEZ LES MARCHANDS DE NOUVEAUTÉS.

1846

LES POLONAIS.

I. — HIER.

PAUVRE EXILÉ!

Pauvre exilé, toujours des pleurs,
Toujours ta voix triste et plaintive
Gémit comme la voix captive
Qui chante toujours ses malheurs!
Est-ce ta patrie opprimée
Ou ta famille bien-aimée
Qui provoque tant de douleurs?

Veux-tu donc mourir dans les larmes?
Oh! fais grâce au pauvre exilé
Et que ton cœur soit consolé;
A souffrir trouves-tu des charmes?
Ton pays a souffert pour toi,
De vivre il t'impose la loi;
Vis! il a besoin de tes armes.

Sous un ciel qui n'est pas le tien
Voudrais-tu laisser ta poussière ?
Ta mère pourtant serait fière
De recouvrer son fils, son bien !
Chaque jour la Pologne prie
Pour ton retour dans la patrie ;
Pour elle ne ferais-tu rien ?

Ta famille un jour si prospère
A vu disperser ses débris,
Les uns morts, les autres proscrits,
Bannis sur la terre étrangère !
Ton père seul a survécu,
Les malheurs ne l'ont point vaincu,
Ni les Russes, ni la misère.

Il est un triste souvenir
Qui fut bien cher à ton enfance :
Quand du sein de ton opulence
Tu regardais vers l'avenir ;
A moi ces châteaux, ces prairies,
Ces serviteurs, ces métairies,
Car qui pourrait me les ravir ?

Il te faut pourtant les défendre,
Le Cosaque y pousse ses flots.
En vain tu combats en héros,
Des traîtres veillent pour te vendre
Et l'ennemi transforme en camp
Ton pays rougi de ton sang ;
Warsovie aussi va se rendre.

Contre des guerriers expirants
La rage des vainqueurs s'anime,
Et tu vas succomber victime
De la vengeance des tyrans.
Au loin, sous un ciel plus tranquille,
Polonais, demande un asile ;
Attends en paix de meilleurs temps.

Qu'ils étaient riches les domaines
Qu'en maître tu foulais un jour ;
Le Russe y commande à son tour,
C'est là qu'il décrète les peines
Qui frappent ton pauvre pays ;
Tes palais sont cent fois maudits :
Les bourreaux y forgent des chaînes !

Parfois un débile vieillard
Y pleure assis sur une pierre ;
Avant de clore sa paupière
Il y jette un dernier regard.
En vain le vieillard qui succombe,
En ces lieux réclame une tombe ;
Hélas ! il a vécu trop tard !

Et le vieillard sur cette terre
En paix ne peut rester longtemps ;
Sans respecter ses cheveux blancs,
Un barbare lui crie : Arrière !
Et lentement, loin de son seuil,
Il va demander un cercueil ;
Le Cosaque a chassé ton père !

Ta tendre mère a vu périr
Son plus jeune fils dans la guerre;
Et l'autre est errant sur la terre;
Pour elle c'était trop souffrir!
A ta mère le ciel fait grâce
Des malheurs dont il te menace;
Elle est heureuse de mourir!

Et ta sœur, si jeune et si belle,
Était digne d'un meilleur sort,
Elle est réservée à la mort,
Mais à la mort la plus cruelle.
A ton père il ne reste rien;
Sa fille était son dernier bien,
On l'en prive; il mourra loin d'elle.

On dit qu'en un triste climat,
Vers les glaces de Sibérie,
Elle gémit, ta sœur chérie,
Sous le joug grossier d'un soldat.
Le Russe achève sa victoire
Et veut, pour compléter sa gloire,
T'avilir après le combat.

Un seul cœur pour toi bat sans cesse;
Il t'aima quand tu fus heureux,
Il te suit encore de ses vœux;
Pour toi toujours même tendresse!
Que ne ferait pour te revoir
Ta fiancée au désespoir?
Mais que peut-elle en sa faiblesse?

Pauvre exilé, tu peux pleurer,
Oui, tu le peux dans ta misère,
Car ta douleur est trop amère
Pour qu'on puisse t'en délivrer.
De la France à la Sibérie
On se souvient de ta patrie,
Et ton cœur te dit d'espérer.

CHANT DES MINEURS DE SIBÉRIE.

Qu'il était brillant ton soleil,
O Pologne chérie!
Qu'il est doux d'être à son réveil
Libre dans sa patrie!
Avons-nous perdu tout espoir
D'adoucir ta détresse?
Encore une fois te revoir
Et mourir d'allégresse!

La Vistule, comme autrefois
Serpente dans tes plaines,
Sur ses bords, au lieu de nos voix,
Résonne un bruit de chaînes.
S'il y venait un de tes fils...
L'onde sans le connaître,
Comme un de ses tyrans maudits,
L'engloutirait peut-être.

Elle est esclave comme nous !
  Et sans punir le crime,
Nous irions fléchir les genoux
  Sous la main qui l'opprime ?...
Portons nos fers avec fierté,
  Restons en Sibérie ;
La Pologne sans liberté
  N'est pas notre patrie.

Travaillons, travaillons, mineurs,
  A la mort on nous voue ;
Amollissons de nos sueurs
  Notre couche de boue ;
Nous ne faisons mettre au repos
  Le knout qui nous écrase,
Que lorsque devant ses lingots
  Le Russe est en extase.

La pioche en avant ! c'est la loi ;
  Que ses coups retentissent,
Qu'elle ébranle cette paroi ;
  Que nos tourments finissent ;
Que des terres le lourd fardeau
  Sur nos têtes retombe ;
Que la victime et le bourreau
  Partagent cette tombe.

Vivre ! c'est jouir du bonheur
  Au sein de la nature !
Mourir ! oublier la douleur
  Dans une sépulture !

Du sépulcre ici nous n'avons
  Que la nuit éternelle;
Oublions-nous que nous vivons?
  Le fouet nous le rappelle?

Dieu qui du ciel fis les splendeurs
  Pour les fils de la terre,
Souviens-toi des pauvres mineurs
  Qui n'ont plus sa lumière!
Ravis par la main des méchants
  Au jour qui nous vit naître,
Si nous avons mille tyrans,
  Toi seul es notre maître!

Pologne, un dernier souvenir
  Aux débris de ta gloire!
Tu ne nous verras plus venir
  Au jour de la victoire;
Nous ne sommes que des mineurs
  Brisés par la souffrance,
Remets à d'autres défenseurs
  L'arme de la vengeance.

———

II. — AUJOURD'HUI.

LA LUTTE.

L'ordre depuis quinze ans régnait dans Varsovie.
Le sabre gouvernait la Pologne sans vie
Et le tzar lui foulant la tête du talon,
Voulait à ce cadavre ôter jusqu'à son nom ;
L'autocrate vainqueur, par quinze ans de souffrance
N'avait pas assouvi sur elle sa vengeance.
L'aigle Russe prenant son essor par les airs
Sur ses champs dévastés, devenus des déserts,
Cherche d'un œil avide, en sa grande ruine,
Quelque endroit giboyeux où sa serre butine;
Il n'y peut découvrir de quoi faire un festin
Et tombe sur le sol épuisé par la faim.
Tandis qu'il voltigeait aux régions sublimes
On lui crut un moment des instincts magnanimes,
Mais lorsqu'il s'abattit sur la terre au grand jour,
Au lieu de l'aigle Russe on ne vit qu'un vautour.

La Pologne opprimée a frémi sous sa cendre
Et des guerriers nouveaux sont nés pour la défendre ;
Ses enfants exilés aux plus lointains climats,
Héroïques débris, redeviennent soldats ;
Sans craindre les périls de la terre et de l'onde,
Les proscrits abordant de tous les coins du monde,
Au signal de la guerre, au cri des opprimés,
En face des tyrans se redressent armés.

Le lugubre tocsin qui sonne à Cracovie
Au cœur des nations semble rendre la vie ;
L'Italien va faire oublier ses revers,
Le froid Germain lui-même a honte de ses fers
Et le Caucasien, orgueilleux de sa gloire,
Au Polonais, son frère, apprête la victoire.
Le feu de la révolte allume les volcans
Sur lesquels sont assis les trônes des tyrans ;
Les peuples aujourd'hui sont tous bouillants de haines,
Malheur ! Malheur aux rois qui resserrent leurs chaînes ;
Pour les rompre en leurs mains il suffit d'un effort,
Puis au joug d'un despote on préfère la mort.

Les nations dormaient d'un sommeil léthargique,
On semblait reculer vers le régime antique :
Les rois disaient déjà : Les peuples ne sont plus,
Ainsi qu'au bon vieux temps faisons-nous absolus !
Mutilant à loisir un pays sans défense,
Le tzar croyait l'avoir réduit à l'impuissance,
Quand il voit se lever armé pour les combats
Un peuple qu'en Europe il ne soupçonnait pas.
On a des bataillons qu'à ce peuple on oppose,

Ils passent dans ses rangs et font commune cause;
Vainement l'oppresseur compta sur leur appui,
Quand la liberté parle, il tournent contre lui.
Le soldat est du peuple et le peuple est son frère,
Vainement on voudrait le changer en sicaire,
Il ne doit point frapper en aveugle instrument,
Il ne peut pas donner la mort aveuglément;
Dieu remit en sa main le glaive qui protège
Et lorsqu'on lui commande un acte sacrilège,
Il doit se faire alors soldat de l'équité
Sous le drapeau du peuple et de la liberté.

Le tzar pour résister à leurs brusques attaques
D'un mot fera hacher des milliers de Cosaques,
A chaque heure il appelle un nouveau régiment,
A chaque heure on l'écrase au chant de ralliement:

MARCHE POLONAISE.

Le Moscovite a perdu la mémoire
De nos combats fameux dans l'univers;
Sous nos drapeaux ramenons la victoire
Et pour le vaincre armons-nous de nos fers;
Il n'a pas étanché tout le sang de nos fibres;
Par de nouveaux exploits,
Nous repoussons ses lois,
Car nous avons encor la force d'être libres.

Coups de canon,
Musique de la guerre,
Volez annoncer à la terre
Que la Pologne a reconquis son nom.

Comme un volcan nous sortons de la poudre.
La liberté d'hommes grossit nos rangs
Et notre bras fait éclater la foudre
Comme un éclair, sur le front des tyrans.
La révolte, dit-on, nous deviendra funeste!...
Qu'importe? un contre cent!
Le courage est puissant;
Combattons en héros et Dieu fera le reste.

Coups de canon,
Musique de la guerre,
Volez annoncer à la terre
Que la Pologne a reconquis son nom.

Vaincre ou mourir! l'Europe nous regarde
Et l'épouvante est dans l'âme des rois;
Les Polonais ne sont que l'avant-garde
Du monde armé pour reprendre ses droits;
Courons à la victoire à travers la mitraille,
Sans crainte d'y périr,
Car le sang d'un martyr
Enfante des vengeurs sur les champs de bataille.

Coups de canon,
Musique de la guerre,
Volez annoncer à la terre
Que Pologne la a reconquis son nom.

A l'univers montrons comment des braves
Savent briser la hache d'un bourreau
Qui n'a pas craint de traiter en esclaves
Ceux dont la gloire a suivi le drapeau,
Ou si l'on n'entend pas nos cris d'indépendance,
Contre l'homme du nord,
Allons chercher la mort,
En passant à nos fils l'arme de la vengeance.

Coups de canon,
Musique de la guerre,
Volez annoncer à la terre
Que la Pologne a reconquis son nom.

De l'Occident aux bords de Sibérie,
Quittez, proscrits, votre exil de quinze ans;
En ce grand jour, la voix de la patrie
A la Vistule appelle ses enfants
Pour relever son front tombé dans la poussière;
Si vos nobles combats
Ne la délivrent pas,
Elle a besoin de vous pour fermer sa paupière.

Coups de canon,
Musique de la guerre,
Volez annoncer à la terre
Que la Pologne a reconquis son nom.

Le tzar est sans clémence et la lutte engagée,
La Pologne sera libre ou bien égorgée;
Malheur à qui s'arrête après un premier pas,
S'il n'a pas la victoire, il aura le trépas!

Quand l'Ottoman eut pris Stamboul pour capitale
Et delà menaçait la terre Occidentale,
Rien ne résistait plus à ce vainqueur puissant
Et la croix s'abaissait sous le poids du croissant.
Apportant le Koran à l'Europe chrétienne,
Le Musulman parvint jusqu'aux portes de Vienne;
Son sabre inexorable allait la conquérir,
Et Vienne n'avait plus qu'à se rendre ou périr;
Le Christ allait tomber vaincu par le Prophète,
A renier son Dieu l'Allemagne était prête.
L'assiégé du Très-Haut implore le secours,
Mais les cieux à sa voix paraissent être sourds...
Soudain il voit au loin, du haut de sa muraille.
Venir à l'horizon une armée en bataille,
Ce sont les Polonais et Sobieski, leur roi,
Qui viennent l'empêcher d'abandonner sa foi;
Ce sont les Polonais, libérateurs de Vienne,
Qui firent que l'Autriche est encore chrétienne.
Ce peuple fut toujours un peuple de héros,
L'Ottoman, devant lui, replia ses drapeaux.

On ne se souvient plus d'une si vieille histoire,
Aujourd'hui Metternich à peine semble y croire;
Après avoir chargé du boulet de forçat
Le peuple sans lequel il serait apostat,
Alors que le canon dans la Pologne gronde
Pour lui rendre son nom sur la carte du monde.
Qu'ordonne Metternich, l'autocrate Germain?
PAS DE QUARTIER POUR EUX! est écrit de sa main.
Mais ce n'est pas assez pour hâter leur ruine,
Il solde dans leurs rangs une troupe assassine,
Les jours des révoltés par lui sont mis à prix,
Il paie avec de l'or le meurtre des proscrits;
Pour qu'on sache à quel taux son escompte s'arrête:
Au prix de dix florins (1) il achète une tête!!!

(1) *Gazette Universelle* de Prusse, du 6 mars 1846. Voir le *Courrier Français*, la *Réforme*, le *National*, etc. du 11 mars.

III. — DEMAIN.

. . . .

Demain !... Vers l'avenir ne tournons pas les yeux.
Le ciel a fait pour tous ce mot mystérieux ;
C'est assez qu'il soit vu par l'œil de l'espérance
Comme au jour de triomphe, un jour de délivrance,
Dans les secrets de Dieu jamais l'homme n'entra ;
Guerrier, fais ton devoir... Demain arrivera !

Pologne, ne crains pas l'épreuve qu'on t'impose,
La liberté d'un peuple est une sainte cause ;
Quels que soient les tourments qu'on te fasse souffrir,
Tu peux dormir encor, mais tu ne peux mourir ;
Par le fer et le feu résiste à qui t'opprime,
La justice en tous temps sut triompher du crime.
Verse dans les combats, verse un sang généreux,
Pour un héros qui tombe il en renaîtra deux,
Et le ciel à ton front rendra le diadème
Quand il sera lavé par le sang du baptême.

Des siècles dans les fers n'auront point affermi
Un peuple sous le joug courbé par l'ennemi ;

Tant qu'il sent battre encore un cœur dans sa poitrine,
Tant qu'il connaît son nom et sa noble origine,
Sans cesse des tyrans abhorrant les décrets,
Il roule en son cerveau de sinistres projets,
Il frappe avec audace, il ne vit que de haine,
Il brise chaque jour un anneau de sa chaîne,
Et quand de sa prison il peut enfin sortir.
Il va cueillir gaîment la palme du martyr.

Pologne, souviens-toi d'une race de braves,
De tes frères, les Grecs, quatre cents ans esclaves!
Le sol de Miltiade et de Léonidas
Enfanta Botzaris et d'immortels soldats ;
Les Turcs à Navarin connurent Salamine,
Canaris de sa torche éclaira leur ruine.
Les fils de Kosciusko, ces Hellènes du Nord,
Faute d'un bras ami, mouraient dans leur effort?...
L'Europe sous leurs pieds refermera l'abîme,
Elle serait coupable en laissant faire un crime;
Plutôt que de les voir vaincus par les tyrans,
Le peuple Slave entier marchera dans leurs rangs,
Les droits des nations de leur cause dépendent;
La liberté du monde est celle qu'ils defendent;
Au jour où la Pologne à jamais tombera,
La liberté du monde avec elle mourra.

12 mars 1846.

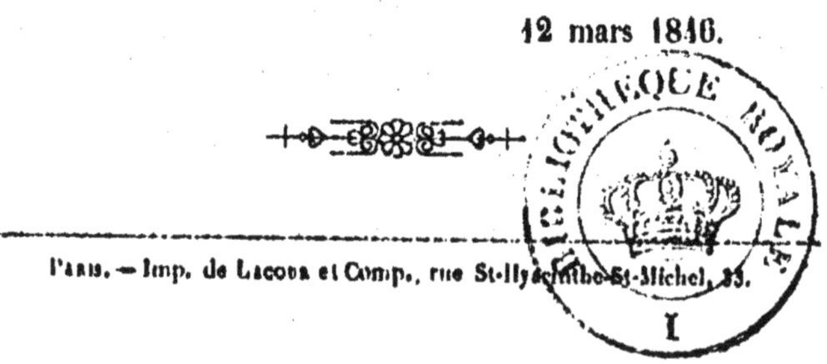

Paris. — Imp. de Lacour et Comp., rue St-Hyacinthe-St-Michel, 33.

SATIRES ET POÉSIES

DE HENRI COUTURIER,

Un volume in-8. — Prix : 2 fr. 50.

CHEZ DENTU, LIBRAIRE,

Palais-Royal, 13, galerie vitrée.

PARIS. — Impr. de LACOUR et Ce, rue St-Hyacinthe-St-Michel, 33.

www.ingramcontent.com/pod-product-compliance
Ingram Content Group UK Ltd.
Pitfield, Milton Keynes, MK11 3LW, UK
UKHW021152230726
13926UKWH00001B/58